Veri studium & patriæ caritas.

E. d'Audiville

Le Catalogue

DES LIVRES CENSVREZ

par la faculté de Theologie de Paris.

141.

Auec priuilege.

On les vend à Paris, en la grand ſalle
du Palais, au premier pillier, par Iehan
André libraire iuré de luniuerſité de
Paris.

1 5 4 4.

A MONSIEVR LE PRE-
VOST DE PARIS OV SON
Lieutenant Ciuil.

Vpplie humblement Iehan André Libraire iuré de luni
uërsité de Paris, Comme depuis peu de temps ledict suppliant à receu de messieurs de la faculté de Theologie de
Paris, Le Catalogue de tous les liures par eulx veuz & vi-
sitez, censurez & condamnez, comme il appert en lacte cy
attaché, signé du Bedeau, de ladicte faculté. Lequel suppliant feroit voluntiers imprimer suyuant le mandement
à luy baillé par la faculté. Mais il doubte que apres qu'il
aura faict imprimer, autres Libraires s'fforcent le faire imprimer, qui seroit grand' perte audict suppliant. Ce confi-
fideré, il vous plaise permettre audict suppliât faire imprimer ledict Catalogue, auecq' lepistre liminaire de ladicte
faculté, & deffenses à tous autres Libraires, & Imprimeurs
de ne faire imprimer ledict Catalogue iusques à trois ans,
sur peine d'améde arbitraire & côfiscation desdictz liures,
& vous ferez bien.

Apres auoir veu le decret du Doyen & côfors de ladicte
faculté de Theologie, côtenu au feuillet premier de ceste
premiere feuille, il est permis audict suppliant ce qu'il re-
quiert, Faict le dixneufiesme D'aoust. mil cinq cens qua-
rante quatre.

Signé Morin.

DECANVS ET FACVL-
tas Theologorum Parisiensium, o-
mnibus in Christo fidelibus. S.

QVI corporis humani sa-
nitatem tuendam susce-
perunt, non satis officio
suo factum iri putarunt,
ea tantum quæ salubria
essent humano corpori,
quæq; bonam eius valetudinem, & conser-
uarent, & auctiorem vegetioremq; redde-
rent pharmaca, suis scriptis demonstrasse,
herbasq; & plantas, adiectis etiam figuris
& formis, quibus ab aliis dignoscerentur,
deliniasse: nisi simul & pharmaca iis contra-
ria, herbasq; & plantas, quæ sanitati pror-
sus aduersarentur, suis nominibus designa-
rent, suisque liniamentis & figuris efforma-
tas, velut in tabella quadam, ob oculos nobis
proponerent. Quis autem negare potest illos

A ij

A simili

doctißimos medicos, & rerum naturalium sa
pientißimos perscrutatores, totius naturæ
integritati conseruandæ hac via, vel maximè consuluisse? Qui nisi suorum scriptorum
monumentis harum rerum cognitionem nobis reliquissent: quis non intelligat, quàm facilè pro germanis, adulterina pharmaca, pro
salubribus, exitialia, & pro antidotis, toxica
non sine totius generis humani graui incom-
modo, deligeremus? Quòd si tam diligentes
fuerunt veteres illi, & insignes medicarum
rerum scriptores, ob solius corporis sanitatē,
quam veluti vnicum suorū laborum scopum,
præ oculis habebant: quid putandum est, &
fecisse hactenus, & facturos in posterū doctißimos illos, & sanctißimos animarum no
strarum medicos, qui haud dubiè tantô soli-
citius huic rei neruos omneis intenderunt,
quantò magis animam corpori præstare in-
telligebant? Id nos docuit in primis medico-
rum omnium summus, Imò ipsißima medici-

na Deus:qui formatum hominem, & in paradiso collocatum, cæterarum arborum vsu permisso, vt à ligno scientiæ boni & mali abstineret, præmonuit. Docuit hoc ipsum & Christus, qui non tantum animarum saluti côducibilia, sed quæ etiam essent, veluti mortiferum quoddam poculum fugiêda, aperuit. Quàm verò hoc deindè solicitè egerint diuino afflati spiritu euangelistæ & apostoli, dilucidius est, quàm explicari possit. Qui suis scriptis & epistolis canonicis nos copiosè docuerunt, quantum discrepent fructus & opera spiritus, ab iis quæ carnis sunt. Quæ omnia propriis designat nominibus, apostolus Paulus, inter illos præcipuus, epistola ad Galatas. Hoc idem maximo studio curarunt doctißimi quisq; sacrarum literarum interpretes, diui Cyprianus, Hylarius, Chrysostomus, Ambrosius, & plerique alii. Inter quos, Hieronymus librum edidit, cui titulum fecit, De scriptoribus ecclesiasticis. hæreticos vnà cum orthodoxis commemorans, & singulos suis pingens coloribus: vt non eos modò quos imitari, sed & quos fugere oporteat, doceamur: ne in eorum scripta, veluti in scopulum quendam impingamus, & toxico, quod in iis latet, inficiamur. Diuus item Augustinus librū edidit aduersus suæ ætatis hæreses: quod & ante eum fecerat Epiphanius episcopus Cypri, inter Græcos Theologos doctißimus: ne fortè lectores incauti, & veluti mellito quodam poculo illecti, impiis doctrinis animum addicerent. Hos imitati sunt ex posterioribus quamplurimi, non minori sanctitate quàm eruditione clari: qui simul cum veteribus, nouas, quæ clàm emerserant, hæreses, indicare curarunt: vt noßent omnes, à quibus præsertim cauendum eßet impiis assertionibus & libris, quantùmvis gloriosis titulis eßent adornati. Qui eò sunt circunspectius fugiendi, quò venenum nobis propinant præsentius, blandiloquentia qua-

dam, veluti melle illitum: ipso tamen felle:
& si quid aliud amarius est, lõgè amarulen-
tius. Porrò quàm necessariò quámque vtili-
ter veteres scriptores idipsum fecerint, do-
cent huius seculi mores. Quòd si vspiàm ne-
cessarium est, libros ipsos cum authoribus
proprijs nominibus designare:in hoc praeser-
tim christianissimo galliarum regnò factum
oportuit. Cui certè non immeritò, eiúsque rè
gibus, ad hæc vsque tempora, christianissimi
nomen inditum est. Sed ne hoc insigni titulo
spoliemur, nobis studiosè & vigilantissimè
curandum est:Vt quos iam diu prò dolor, cir-
cunuallant lupi rapaces & famelici, qui non
modicam gallicarum ouium multitudinem,
locis & ciuitatibus cõpluribus, pestiferis suæ
doctrinæ dentibus iam deuorarũt, reliquum
gregem hauddubiè voraturi, nisi eorum co-
natibus diligenter & quàm citissimè eatur
obuiàm. Qui assiduè nullum lapidem nõ mo-
uent, nihil nõ tentant & moliuntur, vt vni-

De nro,
louicis
solissman
Gallia.

uersos in suas perditissimas sectas pertrahant & detrudant. O fœlicem Hieronymi ætate galliam, quæ eadem attestante, sola mōstris caruit. At verò qui aduersus vnicum galliæ monstrum vigilantium, totis eloquentiæ viribus detonabat, quid dicturum putamus, si iam rediuiuus, in galliis ageret? Nō esset profectò galliam, ita deformatam, agniturus, in qua mille vigilantios, Iouinianos mille, & innumeros alios nocendi artifices, passim obuios haberet. Quātum ingemisceret, qui galliam tam miseranda facie deformem, à veteri illa, quæ sua tempestate florentissima erat, aspiceret mirum in modum mutatam? Quantis arbitramur eloquentiæ & doctrinæ viribus (si superstes esset) aduersus hæc monstra decertaret, qui contra paucissimos suæ ætatis hæreticos, tanta scripturarū vi, tanta mole & robore conflixit: vt victis non amplius licuerit, ne cristas quidem & cornua erigere? Quanquam viuit haud du-

Hieronymi
in fine
mirū.

bié Hieronymus, & cùm Christo regnat in cœlo, suísq; scriptis pro Christi fide & ecclesiæ defensione, aduersus veterum hæresum instauratores indefessè pugnat : nouos istos Iouinianos & Vigilatios, & si quæ sunt alia monstra, potentissimis scripturarum machinis conterens. Non desunt autem etiam hac *De Eccl.* tempestate inuicti fidei propugnatores : sed *hyper.* nec vnquàm deerunt, quos suscitabit Domi- *spismis.* nus, in suæ spôsæ defesione, Danieles quàm-plurimi, Hieronymi, & Augustini, qui mu-rum sese pro ecclesia, aduersus impiorû tela, & linguas venenatas obiiciant. Quísq; quâ-libet flauerint vêti, descenderit pluuia, eru-perint flumina, nunquam tamen, Christi ad-iuti præsidio, sinent Petri nauiculam demer-gi. Quæ vel inuitis omnibus inferorum por-tis, quãtumvis etiã allatrent canes cerberei, insaniant furiæ, imò & ipse totus Acheron frendeat, stabit tamen semper firma & sta-bilis (Pauli testimonio) columna & firma. 1.Tim.3

B

mentum veritatis. Hác tamen aduersus, ru-
git leo ille immanißimus, aduersarius noster
diabolus, fremit draco septem capitibus insi-
gnis, Christianæ fidei hostis infensißimus,
hanc cupiens cum suo grege deuorare. Quod
quia suis viribus nunquam poterit, id agere
molitur, subornatis sparsisque per orbem sa-
tellitibus suis impiißimis hæreticis : qui ve-
nenatis iaculis, nimirum libris suis pernicio-
sißimis, totum orbem perambulant, vt quod
faciebãt pharisæi, proselytos quàmplurimos
sectæ suæ adiungant. Qua in re (dolentes re-
ferimus) ita in totius Christianismi perni-
ciem profecerunt, vt vix vlla sit regio Chri-
stianis ritibus aliquãdo ritè instituta, quàm
suis sibilis & susurris exitialibus, voce vel
scripto, non aliqua ex parte contaminarint.
Solent enim zizania & herbæ, plantæque
noxiæ, maioribus incrementis sese dilatare,
quàm salubres & innocuæ. Adeóq; iam ma-
gno Christianismi malo, excreuere, vt peri-

culum sit, ne breui, salubres suffoceñt, suisq;
tandem illi fraudibus & technis, vniuersum
Christianismum perdãt: nisi ab incœpto iti-
nere præpediti cóhibeantur, & reprimãtur.
Et hactenus quidem videbatur piis omnibus
persuasum, vt serpentis illius præcipui Lutheri, præciso capite totus orbis capacior fie-
ret. Sed, (quod nõ sine gemitu dicimus,) põst
damnatum à summo pontifice, ipsisq; princi-
pibus, & theologorum scholis, totius penè or
bis consensu, Lutherum: suborti sunt statim
alii innumeri, tãquàm hydræ capita, Luthe
rano longè nocentiora, qui sua viruleta dogmata, tanto impetu & incredibili feritate,
ita latè effuderunt: vt vniuersum prope orbem Christianum, cùm publicis, tum priua-
tis cõcionibus librisque æditis, & in vulgus
sparsis, peruaserint & infecerint. Nec etiam
ab ipso galliarum regno hactenus Christianißimo abstinuerint. In quo, & manibus ferè
omnium haberi, & per omnes circũferri im-

piorum hæreticorum libros videmus, & do-
lemus. Qui ingens aliquod in regnum, prope
diem illaturi sunt incommodum, nisi relega-
tis profligatisque quàm citißimè perditißi-
mis sectis, ex omnium manibus fortiter ex-
cußi, flammis cōsecrentur. Quanquam quod
ad gallias nostras attinet, bona nobis spes est,
adiutore Christo, abominandas omnes hæreses, è regno Christianißimo, intra paucos
dies, ablegandas esse. Non enim defuit hactenus negotio fidei promouendo, hæresumq;
extirpationi rex noster Franciscus re, & co-
gnométo Christianißimus. Qui qua est, &
fuit semper in Christum eiúsque sponsam
ecclesiam insigni pietate & obseruantia,
non destitit vnquam ecclesiæ partes tueri.
Neque potuit vel minimùm quippiam, ab ecclesiæ placitis diuelli, quin potius vt pestem
Lutheranā, omnium quæ fuerūt vnquam pe
stilentißimam, è sui regni finibus propelle-
re. Statutis suis & decretis quàmplurimis,

modis omnibus in hæreticos animaduertens.
Porrò intelligens rex Christianißimus, verè
scriptū esse, qualis rector ciuitatis, tales et
habitantes in ea. Et illud poëtæ. Regis ad *Claudian.*
exemplum totus componitur orbis. Quàm
mordicùs semper retinuerit tráditam acce-
ptámque à maioribus orthodoxæ ecclesiæ fidem, non modo interpositis decretis, sed et
exemplis professus est per se grauißimis.
Quando ante annos aliquot, indictis aduer- *In icono-*
sus Iconomachos (qui cōtumeliam diuæ Vir- *machos.*
ginis imagini irrogarant) supplicationibus, *Supplica-*
argenteam ille, piè religioséque; non sine to- *tio parisi.*
tius populi congratulatione, in locum mutilæ
detruncatǽque ab impiis, restituit. Deinde
annos post aliquot, quàm de sacrosancta Eu-
charistia, cæterísque sacramentis et ecclesiæ sanctionibus piè sentiret, quámque om-
nis generis hæreticos odisset, abundè testa-
tus est: quum ad placandam Dei in nos iram,
publicas fieri decreuit supplicationes. Qui-

bus geſtata per vrbem ſacroſancta Eucha-
riſtia, quám religioſè aperto capite, arden-
tem facem manu gerens, vna cum pientiſſi-
mis filiis interfuerit, norunt multa hominum
milia: qui tunc præ gaudio lachrymabundi,
Chriſtianiſſimi regis pientiſſimam fidem in-
tuebãtur. Neque peractis ſupplicationibus,
prius vrbe diſcedere cõſtituit, quàm ſumpto
de variis hæreticis, variis in locis ſupplicio,
& fidẽ ſuam religionémq; bonis omnibus imi
tandam, & formidãdam hæreticis animad-
uerſionem proponeret. Curauit & hanc pe-
ſtem procul hinc abigendam, Chriſtianiſſimi regis accenſus exemplo, ſupremus Pari-
ſienſis ſenatus. Qui ſuis arreſtis & decretis,
deprehenſos huius ſectæ viros variis affecit
ſuppliciis. Quóſq; comperit aduerſus augu-
ſtiſſimum, & in primis venerandum Eucha
riſtiæ ſacramẽtum impiè ſenſiſſe. Necnon re-
liquis hæreſibus pertinaciter adherentes,
flammis vltricibus vrẽdos adiudicauit. Quo

cæteri à nefandis istis dogmatibus arceren-
tur]Nos autem vocationis nostræ non imme-
mores, in tanto fidei negocio & discrimine,
tantisque infœlicis huius seculi tumultibus,
haudquaquàm cessatores egimus. Dici enim
non potest facilè, quantis sudoribus aduersus hæc dogmata inuigilauerimus. Dum nũc
ab episcopis, nũc à senatu, nunc à prouincia-
rum præsidibus super hæreticis propositio-
nibus & libris rogati, vt de ea quæ in nobis
est fide rationem redderemus, totos penè dies
eam in rem noctésquè impendimus: Et hæc
omnia quamuis iuxta nobis concessum à Deo
munus, diligenter curauerimus, fieri tamen
non potuit, quin nouis quotidie suboriẽtibus
sectis, nouis etiam hæresum seminariis pul-
lulantibus, nouæ quoque succreuerint hæreses. Quas vt tam impii artifices tueantur, &
hominũ mentibus insigant, mirùm est, quàm
à decẽnio excreuerit librorũ numerus. Quos
vt in manus hominum obtrudant, insignibus

titulis, & gloriosis præfationibus muniunt.
Quo minore negocio incautis lectoribus im-
ponant: dùm mellito frotispitio illecti, nihil
fellis, nihil amarulentiæ, nihil deniq; vene-
ni in eis latere suspicantur. His artibus, his
technis, multorum corda seduxerunt. Quam
tamen vafriciem diligenter attendere nos
præmonitos voluit diuus Paulus, Epistola ad
Romanos. Obseruate, inquiens, eos, qui dis-
sensiones & offendicula, præter doctrinam
quam vos didicistis, faciunt, & declinate ab
illis. Huiusmodi enim, Christo domino nostro
nõ seruiunt, sed suo ventri: & per dulces ser-
mones & benedictiones, seducunt corda in-
nocentum. Non poterat diuus Paulus, nostræ
tempestatis hæreticos aptiùs & magis gra-
phicè depingere, neque latentem sub ouilla
pelle, luporum gregem, euidentioribus argu
mentis, & signis, nobis manifestare, ne sic
horum strophis, & fucatis mendaciis conta-
minaremur. Omnium autem hæreticorum

Paulus
hoditnos
hæreticos
graphice
depinxit

Hæret.
coeum
cõis morbg.

cōmmunis eſt morbus, vt quùm maximè in
ſcripturis intelligendis hallucinentur, ipſi tā
men miro quodam ſupercilio, ſcripturæ, reli=
gionis, & dogmatũ ſcientiam ſibi arrogent,
interim cæteris, qui ſectis ſuis addicti non
ſunt, detrahentes. Hinc eo demētiæ prorum=
punt, vt omnium rerum magiſterium ſibi im
pudenter aſſumant: quódq; deterius eſt, cum
maximis ſint ignorantiæ tēnebris inuoluti,
ſua non contenti ignorātia, nihil nō perten=
tant, vt & cæteros in hanc errorum caligi=
nem abducant. Quorum in numero ſunt nō=
nulli, qui manifeſto & palàm, ſua dogmata
obtrudere non verentur. Sunt & alii qui ſup=
plicii metu, obliquè & ſecreto, ea auditori=
bus ſuis ingerũt. Qua ex re fit, vt peruerſo=
rum librorum diuerſa genera circunferan=
tur, quibus corda fidelium ſeducuntur. Sunt
autē ex illis libris, quàmplurimi, qui autho=
rum ſuorum nomina, fronte præferunt: eorũ
ſcilicet hæréticorũ qui iam deplorāti, de ſua

Hæretica
uanitas.

Cēſura
de libris
hæreti,
cog.

C

gloriátur infania. Sunt qui fuppreffo nomi-
ne, vanißimis titulis adornátur. Sunt & qui
neque præli, neque officinæ excuforiæ, fed
neque vici aut ciuitatis nomina exprimant.
A quorum lectione fummoperè cauendũ eft
piis hominibus. Sunt & alii, qui veris autho
rum nominibus fuppreßis, vt facilius lectores
ad fui lectionem illiciant, catholicorum fan-
ctorúmq; virorũ nomina, pro titulis habent,
quemadmodum paulò antè blafphemiarum
& hærefum plenus liber prodiit, cui nomen
hæretici fecerunt confeßio fidei per Nata-
lem Bedam. Nuper quoque ex officina hære
ticorum exiit liber impius, cui titulum fecit
hæretica prauitas, Prouerbia Salomonis. O-
mittimus, quòd plerifque hæreticis & impiis
fuis libris, ne præfixum hæretici nomen à lectione fideles auerteret, pro Caluino Alcui-
num, fe métitus eft impius Caluinus. At hoc
proprium hæreticis eft, vt fua in abditis tantum locífq; fecretoribus, fuæ farinæ homi-

Caluim
impietas.

nibus inuulgent. Oderunt enim qui malè a-
gunt, lucem. Quæ omnia, manifeſtiſſima ſunt
impietatis & errorum indicia. Nam ſi chri-
ſtianàm ſaperent pietatem, non intra priua-
tos.tantum parietes, ſed ſuper tecta, iuxta
Chriſti præſcriptum, & legi & predicari
ſummoperè ſua curarent. Veritas enim lu-
cis amica, odit tenebras. Quamobrè quis or- Conclusio
thodoxus & veritatis luciſque chriſtiand
amator, nõ perſpectam habeat, horum librorum farraginem & ingentem cõgeriem, nõ
aliundè quàm à principe tenebrarum pro-
fectam eſſe? Qui lucis & veritatis inimicus,
non niſi tenebras amet. Verùm quia difficile
eſt admodum ſimplicibus viris, & non ſatis
in ſcriptura exercitatis, adulterinos libros
& peſtiferos, à ſalubribus dignoſcere: ob idq́;
ſæpius obtrudatur impii pro orthodoxis: mul
torum præcibus, & quotidianis efflagitatio-
nibus obſequentes: æquum duximus, & veris chriſtianis (quibus neque fas eſt, neque
C ij

tutum, horum lectioni incumbere) apprimè
conducibile, libros omneis, qui in manus nostras deuenerunt (Sunt autem permulti qui
latent adhuc. Sunt & qui quotidie in lucem
recenter prodeunt, quos, quum in manus nostras venerint, in alterum catalogum redi-
gendos curabimus) suis nominibus designa-
re. Vt compertum habeant & intelligant,
siue ecclesiarũ præfecti & præsules, siue ma
gnates, & prĩcipes, siue senatores & prouin
ciarũ præsides, à quorũ lectione librorũ sub-
ditam sibi plebem arcere debeant. Sunt autẽ
ex eorũ numero quidã planè hæretici, flam-
misq; digni. Sunt & qui suspicione hæreseos
vehementer laborãt. Sunt qui offendiculũ &
scãdalum præbeant. Sunt qui blasphemias
suboleant. Sunt & quos non expediat reipu-
blicæ christianæ, in lucem & vulgus emitti.
Sunt & alij permulti, quos ad plenum discus-
sos, execrandis scatere erroribus deprehen-
dimus, atq; tãdem vna (pro more) cõgregati,

coeuntibus omnium in vnam sententiam iu-
diciis, in catalogum redegimus. Quem ad
christianæ reip. commodum sub correctione
sanctæ matris ecclesiæ, & sanctæ sedis apo-
stolicæ, typis excudendum dedimus.

Extraict des registres de la faculté de Theologie de Paris.

C iii

Catalogus Li

BRORVM QVI HACTE-

nus à facultate Theologiæ Parisiensi diligenter examinati, censuráque digni visi sunt, ob causas in calce superioris epistolæ fusius declaratas: secundū ordinem alphabeticum, iuxta authorum cognomina.

Primo sub litera A.

lib. 1.

Ex libris Andreæ Althameri.

Ommétaria germaniæ in P. Cornelii Taciti, equitis Romani libellum, de situ, moribus, & populis Germanorum.

Ex libris Henrici Cornelii Agrippæ.

De vanitate scientiarum, declamatio
inuectiua.

De originali peccato disputabilis opi-
nionis declamatio, ad episcopum cyre
nensem.

Epistola ad Michaëlem de arando, episcopum sancti Pauli.

B

Ex libris Ioannis Brentii.

Commentaria in librum iudicum.

Commentaria in Iob, & ecclesiasten.

In duodecim priora capita euangelii,
quod inscribitur secundum Lucam.

In duodecim posteriora capita eius-
dem, Homiliae octoginta.

In Ioannem Commentaria.

In acta apostolica Homeliae. 122.

In epistolam ad Philemonem, & in hi-
storiam Hester commentarioli.

Ex libris Othonis Brunfelsii.

De disciplina & institutióne pueroru.
Annotationes in quatuor euangelia,
& acta apostolorum.
Liber pandectarum veteris & noui te-
stamenti.

Ex libris Martini Bucceri.

5.
De vera ecclesiarum in doctrina cere-
moniis, & disciplina, reconciliatione,
& compositione.
In sacra quatuor euangelia enarratio-
nes perpetuæ, secundùm recognitæ.
In Matthæum enarratio.
In epistolam ad Romanos enarratio.

Ex libris Henrici bulligeri.

6.
In sacrosanctu Iesuchristi Domini no-
stri euangelium secundum Matthæum
commentariorum libri duodecim.
Expositio in epistolam ad Hebræos.
De origine erroris.

C
Ex libris Ioannis
Caluini.

Inſtitutio religionis chriſtianæ, nunc
verè demum ſuo titulo correſpõdens.

Expoſitio ſexdecim capitum Geneſis.

Expoſitio in epiſtolam ad Romanos.

D
Ex libris Stephani dolet.

8.

Cato chriſtianus.

Fata regis.

E
Ex libris Deſiderii Eraſmi
Roterodami.

9.

Modus orãdi Deum.

Modus confitendi.

Enchiridion militis chriſtiani.

De interdicto eſu carnium.

Encomium moriæ cum cõmentario.

Exomologeſis, id eſt confeſsio.

Colloquia Eraſmi.

D

F

Ex libris Iacobi Fabri ftapulen.

10.

G

Ex libris Gerardi lorichii hadamerii.

11.

uanda, ex canonica scriptura patrúmq́
sanctorú sententiis diligenter collecti.
Institutio catholica fidei orthodoxæ,
& religionis christianæ.

H

Ex libris Hegendorphini.

Christiana studiosæ iuuentutis institutio.

L

Ex libris Francisci lamberti.

Liber commentariorum in amos, Ab-
diam, & Ionam prophetas.
De prophetia, eruditione, & linguis,
déque litera & spiritu.

M

Ex libris Martini Lutheri
hæresiarchæ.

E captiuitate babylonic a.
Simplex & aptissimus mo-
dus orandi.
De abroganda missa.

12

13

14

ad Romanos, & in duas ad Corinthios,
Loci cōmunes theologici recens collecti & recogniti.

Aduersus furiosum Parisiensium theo-
logastrorum decretum.

Declamatiunculæ duæ in diui Pauli doctrinam.

Epistola de theologica disputatione-
lipsica.

Confessio fidei exhibita inuictissimo
imperatori Carolo quinto, in comitiis
Augustæ.

Apologia confessionis.

Dialecticæ, & Rethoricæ elementa.

Annotationes in librum, qui inscribitur Parœmiæ siue prouerbia Salomonis cum annotationibus.

De corrigendis studiis.

Ex libris Hippophili
Melangæi.

Theologiæ compendium.

O

Ex libris Ioannis Oecolampadii.

18.

P

Ex libris Conradi Pellicani Rubeaquensis.

19.

Ex libris Ioannis Bugenhagii Pomerani.

20.

In librum psalmorum enarratio.

R

Ex libris Vrbani rhegii.

Liber consolatorius , ad eos qui perse-
cutionem patiuntur, Cum enarratio-
ne psalmi.123.quem latinu fecit Ioánes
hynereus pomeranus.

S

Ex libris Erasmi sarcerii
Anuemontani.

Methodus in præcipuos scripturæ lo-
cos , ad nuda didactici generis præce-
pta, ingenti labore in theologorũ non
exercitatorum vsum cũposita, qui cer-
ta ratione sanctam scripturam syncerè
tractare possint.Cui adiecta est farragó
locorum communium.

Cathechismus per omnes quæstiones
& circũstantias, quæ in iustam tracta-
tionem incidere possunt.

Lucæ euangelium cum scholiis.

In Marcum scholia.
Commentaria in Ioannem.
Ex libris Arfatii
schopher.

Enarrationes euangeliorum domini-
corum ad dialecticam methodum, &
rhetoricam difpofitionem accómoda-
tæ, Adiecti funt Loci theologici, quorum cognitionem ecclefiaftes in prom
ptu habere debet : Subiectis etiam aliquot propofitionibus non contemnen
dis. Accefsit quoq; index locorum me-
morabiliu in toto opere omnibus piis
admodùm vtilis & neceffarius.

Z

Ex libris Vldrici
Zuinglii.

Cóplanationis Ifaiæ prophetæ foetura
prima, cum apologia, cur quid conuer-
fum fit.

Cóplanationis Hieremiæ prophetæ fœ

E

tura prima, cum apologia, Cur quid cō
uerſum ſit.

+ De vera & falſa religione.

Opus articulorum.

8.

25 e.
CATALOGVS LIBRO-
rum quorum incerti ſunt
authores.

E   Piſtola apologelica ad ſyncerio-
ris chriſtianiſmi ſectatores, per
frizxain orientalem, & alias infe-
rioris Germaniæ regiones, &c.

Inſtitutio religionis chriſtianæ.

Introductio puerorum.

Litania germanorum, hoc eſt, ſupplica
tio ad Deū pro germania, habita in ce-
lebri quadam ciuitate germaniæ in die
cinerum.

Modus orandi.

Modus confitendi.

De vita iuuentutis inſtituenda, mori-

busꝗ ac ſtudiis corrigendis.
ʃ Vnio diſsidentium tripertita.

CATALOGVS LIBRO-
rum gallicorum, Ex certis authoribus iuxta illorum co-
gnomina.
Ex libris Victoris brodeau.

VNe epiſtre du pecheur a Ieſuchriſt
imprimee a Lyon par Dolet.

Ex libris Ioannis Caluini.
Vne epiſtre a F. Sadolet eueſque de
Carpantras, Auec laquelle eſt vne epi-
ſtre catholique dudict ſadolet.
Linſtitution de la religion chreſtiéne,
Auec la præface adreſſee au Roy Fran-
coys pour confeſsion de la foy.
Inſtitution de la religion chreſtienne,
de la congnoiſſance de Dieu.
Petit traicté de la ſaincte cene de nó-

stre seigneur Iesuchrist.

Catechisme.

Ex libris Stephani
Dolet.

Les epiſtres & euágiles des cinquante
& deux dimenches de lan, auec briefue
& treſutile expoſition dicelles.
Expoſitió ſur la premiere epiſtre ſainct
Iehan diuiſee par ſermons.

Ex libris deſiderii Eraſmi
Roterodami.
La maniere de prier.
La maniere de ſe confeſſer.
Le cheualier chreſtien imprimé par E-
ſtienne dolet.

Ex libris Gulielmi farel.
Reſpóſe a lepiſtre de maiſtre Pierre Ca-
roli:auec ſeconde epiſtre dudit farel.
Epiſtre enuoyee au Duc de Loraine.

Ex libris Franciſci
Lamberti.
Declaratió de la reigle & eſtat des cor-

E iij

deliers, Cópoſée par vng iadis de leur
ordre, & maintenant de Ieſuchriſt.

Ex libris Petri Martyris ve-
runglii firentini.

Vna ſéplice de chiratióe ſopra gli duodecim articuli della fede chriſtiana.
Qui eſt a dire . vne ſimple declaration
ſur les douze articles de la foy chreſtienne.

Ex libris Clementis Marot.
Vng ſermon du bon & mauluais pa-
ſteur.

Ex libris Philippi Me-
lanchthonis.

De lauthorité de legliſe, des docteurs
dicelle, & de la parolle de Dieu tráſla-
tee de latin en francoys.
De la puiſſance & authorité de la ſaincte egliſe chreſtienne.

Ex libris Hippophili
Melangæi. *(...)* 35.
Sur sainct Matthieu. *(...)*

Ex libris Vldrici Zuinglii. 36.
Briefue & claire exposition de la foy
chrestienne annoncée, & escripte au
Roy chrestien.

CATALOGVS LIBRO- 91.
rum gallicorum ab incer- 37. ρ.
tis authoribus.

A

A B C. pour les enfans, contenant ce
qui sensuyt. Loraison dominicale, &c.
La maniere de soy confesser, pour la-
quelle specialement a esté condamné.
Familiaire & briefue exposition, sur la-
pocalypse.
Exposition sur lapocalypse de sainct
Iehan, extraicte de plusieurs docteurs

Chanfons fpirituelles pleines de con-
folation.

Chanfons chreftiennes, par lefquelles
les fidellespourrôt foulager leur efprit,
& les ignorans, ayans congnoiffance
des abuz, aufquelz ont efté detenuz
par les miniftres de fatan, venir a Iefu-
chrift.

Le catechifme de Genefue : Ceft affa-
uoir.La forme d'inftruire les enfans en
chreftienté.

La forme de prier, & chantz ecclefia-
ftiques, auec la maniere d'adminiftrer
les facrementz, & confacrer le maria-
ge felon la couftume de leglife anciéne.

De la fainéte cene de noftre feigneur
Iefus,& de la meffe que lon chante có-
munement.

Confeffion de Beda,faulfement impo-
fee a feu maiftre Noel beda doéteur en
theologie.

F

saincte escripture, pour amener la per-
sonne a voluntiers mourir & poinct
craindre la mort.

32 Exposition sur lepistre aux Rōmains,
extraicte des commentaires de Caluin.

33 Exposition sur les deux epistres aux
Thessaloniciens.

34 Exposition sur lepistre catholique de
sainct Iacques.

35 Epistre catholicque de sainct Iacques
apostre, auec vne exposition briefue &
bien faicte.

36 Exposition sur les deux epistres de saict
Pierre, & sur celle de sainct Iude.

37 Epistre enuoyée aux fideles cōuersans
entre les chrestiens papisticques.

38 Epistre demonstrant comment nostre
seigneur est la fin de la loy, & la som-
me quil fault cercher en lescripture.

39 Cest la bonne coustume. Est epistola
quæ dirigitur ad pauperem & mendi-

cam ecclesiam Lutheranorum?

rienne.

F iii

M

O

prieres, defquelles on vfe a prefent en leglife de Genefue.

Les prieres & oraifons de la bible, fai-ctes par les fainctz peres, & par les hó-mes & femmes illuftres, tát de lancien que du nouueau teftament : imprimé par Dolet.

P

G

chrestiens.

Censura librorū sequentium
& similium.

Q Vamuis in quācunque linguam *De trad*
vertátur sacræ literæ, quæ suapte *stionꝰ*
natura sanctæ sunt, & bonæ: *librorū*
Quanti tamen sit periculi permittere *sacroꝝ*
linguā
utinac
lann.

G ii

paſſim lectionem earum in linguâ vul
garem traductarum idiotis & ſimplici
bus,nec eas piè & humiliter legétibus,
quales nunc plurimi reperiuntur, ſatis
indicarunt Valdenſes, Albigenſes, Pau
peres de Lugduno, & turelupini, q̃ in-
de occaſione ſumpta,in multos errores
lapſi,plurimos in eoſdem induxerunt.
Quare huiuſce tempeſtatis perſpecta
hominum malicia, periculoſa ac per-
nicioſa cenſetur eiuſmodi traductio.

Les cinq liures de Moyſe.
Le nouueau teſtament, auquel eſt dé-
monſtré Ieſuchriſt.
Le nouueau teſtament, Ceſt a dire la
nouuelle alliance de noſtre ſeigneur,&
ſeul ſaulueur Ieſuchriſt,trãſlaté de grec
en francoys.
Les pſeaulmes de Dauid tranſlatez dé
Hebrieu en langue francoyſe.

Pſalmes mys en rithme.
Pſalmes de Dauid tranſlatez.
Le commencement de leuágile ſainct
Iehan, & quelques lieux de la ſaincte
eſcripture,
Recueil d'aucuns pſeaulmes de Dauid,
mis en rithme.

Fin des liures cenſurez par la faculté
de Theologie de Paris, tant en latin
qu'en françoys.

Imprimé à Paris, par Benoiſt preuoſt, Im-
primeur demourant en la rue fremēteil, Pres
le College du Pleſſis, Faict le xxvi. aouſt.

1 5 4 4

G iii

Os itaq; præfati decanus & facultas scholæ Parisiensis, omnibus præsentis huiusce catalogi libris longo tempore examinatis ac discussis, quid de iis sentirent orthodoxi ecclesiæ doctores, quid sacra concilia definissent, quiaue in sacris literis caueretur, diligēter annotauimus. Post quorum diligentem discussionem & examen apud Sorbonam per nos sæpius factum, hunc tandem catalogum in nostra generali congregatiõe apud sanctum Mathurinum per iuramentum super iis specialiter conuocata, ac post missam de Sancto spiritu solenniter è more celebratam, comprobauimus, & ratũ habuimus, cõprobamus, & ratum habemus. Acta fuerunt hæc anno domini. M.v.xliiii. Diē vero decimatertia mensis Augusti.

De mandato domini decani & sacræ facultatis Theologie Parisiensis.   I. Tauuel.

Catalogus libros latinos scm ordinē alphabeti
Cata. libros anonimos .. 1. E. auctores.
Cata. lib. Gallicos scm auctores 2. E.
Cat. li. Gal. anonimos . 4. E.

CHRISTVS

HORV M. CHAR ITAS

lib. latin Authorq noia huc raparoq.

| | Gallici. |
| | bis. Jo. Calui. |

Andreas A̶[...]   Victor Brodeau

Henri. Cornel. Agrippa.   — Stepha. Dolet.

Joan. Bremius.   — Eras. Rosseo.

Otho Brunfelsius.   Guliel. pharel

Martinus Buccerg.   — Franc. Lambert

Henri. Bullingeg.   petrus martyr.

Joan. Calving.   Clemens Maro

Stepha. Dolet.   philip. Melancth

Eras. Rosseo.   — Hippo. Melang

Jaco. Fab Stapul.

Gerardy Loeirhig.

Hegendoephing

Franc. Lamberg.

Martiny Luther.

Jo. Mayer.

Hippophily Melangeg.

Jo. Oecolampa.

Conra. pellicang.

Jo. Bugenhagig.

Vrbany Rhegig.

Eras. Sarcerig.

Arsacig Schopher.

Holdrich Zuinglig.

www.ingramcontent.com/pod-product-compliance
Lightning Source LLC
Chambersburg PA
CBHW071004280326
41934CB00009B/2172